© Viking Books, Penguin Random House Australia, 2015
Titel der Originalausgabe: A River
© für die deutsche Ausgabe: 2018, Prestel Verlag,
München · London · New York
in der Verlagsgruppe Random House GmbH
Neumarkter Straße 28 · 81673 München
© für die Texte und Illustrationen: Marc Martin

Der Verlag weist ausdrücklich darauf hin, dass im
Text enthaltene externe Links vom Verlag nur bis
zum Zeitpunkt der Buchveröffentlichung eingesehen
werden konnten. Auf spätere Veränderungen hat der
Verlag keinerlei Einfluss. Eine Haftung des Verlages
ist daher ausgeschlossen.

Aus dem Englischen von Kathrin Köller

Projektleitung und Lektorat: Doris Kutschbach
Herstellung und Satz: Corinna Pickart
Druck und Bindung: TBB, a.s.
Papier: Serixo Offset

MIX
Aus verantwortungs-
vollen Quellen
FSC® C022120

Verlagsgruppe Random House FSC® N001967

Printed in Slovakia

ISBN 978-3-7913-7343-0

www.prestel.de

Am Fluss

von Marc Martin

Prestel

München · London · New York

Draußen vor meinem Fenster fließt ein Fluss.

Von meinem Platz aus sehe ich, wie er sich weit in beide Richtungen davon schlängelt.

Manchmal stelle ich mir vor, wie ich auf dem Fluss treibe,
in einem silbernen Boot dem Horizont entgegen schaukle.

Wohin wird er mich tragen?

und Rauchwolken, die in den Himmel steigen.

Er trägt mich vorbei an den Höfen und Tieren

und ich höre das Rauschen von fließendem Wasser,

das lauter und lauter wird

und mich einen Wasserfall hinabstürzt, der höher ist als jedes Gebäude.

Der Fluss fließt in einen Dschungel

und ich kann Tiere hören – Gibbons, Fledermäuse und alle möglichen Vögel.

Während ich durch die Mangrovenwälder segle,

öffnet sich der Fluss und bringt mich zum Meer.

Es ist jetzt windiger, und die Luft schmeckt nach Salz und Seegras.

Wenn ich über den Rand meines Bootes schaue,

und ich kann kaum erkennen, wo ich bin.
Aber ich höre Regentropfen auf ein Fenster prasseln,

blicke durch diese Regentropfen auf der Scheibe
und schaue verträumt auf die schlafende Stadt.

Und ich glaube, ich sehe mein silbernes Boot,
das im Mondlicht dahin treibt,
und noch ein Mal an meinem Fenster vorbeigleitet.